INFLUENCIAS HEBRAICAS
EN EL SIMBOLISMO MASÓNICO

Bernard Shillman

INFLUENCIAS HEBRAICAS
EN EL SIMBOLISMO MASÓNICO

con un epílogo del rabino Dr. A. Cohen

EDICIONES OBELISCO

Si este libro le ha interesado y desea que le mantengamos informado
de nuestras publicaciones, escríbanos indicándonos qué temas son de su interés
(Astrología, Autoayuda, Psicología, Artes Marciales, Naturismo,
Espiritualidad, Tradición…) y gustosamente le complaceremos.

Puede consultar nuestro catálogo en www.edicionesobelisco.com

Colección Cábala
Influencias hebraicas en el simbolismo masónico
Bernard Shillman
1.ª edición: octubre de 2019

Título original: *Hebraic Influences on Masonic Symbolism*

Edición, traducción y notas al pie: *David Aliaga*
Corrección: *Sara Moreno*
Diseño de cubierta: *TsEdi, Teleservicios Editoriales, S. L.*

Publicado originalmente por The Masonic News Ltd. Londres, 1929
© 2019, Ediciones Obelisco, S. L.
(Reservados los derechos para la presente edición)

Edita: Ediciones Obelisco, S. L.
Collita, 23-25. Pol. Ind. Molí de la Bastida
08191 Rubí - Barcelona - España
Tel. 93 309 85 25 - Fax 93 309 85 23
E-mail: info@edicionesobelisco.com

ISBN: 978-84-9111-520-5
Depósito Legal: B-18.888-2019

Impreso en los talleres gráficos de Romanyà/Valls S. A.
Verdaguer, 1 - 08786 Capellades - Barcelona

Printed in Spain

PRÓLOGO

A menudo he leído y escuchado que los ritos más frecuentes de la masonería, como el Rito Escocés Antiguo y Aceptado y el Rito de Emulación, poseen una esencia inequívocamente cristiana. A lo que de un tiempo a esta parte suelo responder que si hablamos de los grados simbólicos de los dos ritos que acabo de mencionar, dicha raíz procede del cristianismo tanto como el cristianismo procede del judaísmo.

Cuando la masonería especulativa se constituyó formalmente en 1717, lo hizo bajo la influencia incuestionable del cristianismo. Fue un pastor protestante, James Anderson, apoyado por Jean Téophile Désaguliers[1] –que había tenido que huir de Francia precisamente por su condición de protestante– quien redactó el documento fundacional de la orden fraternal. Históricamente, además, la francmasonería liberal tomaba el testigo de los arquitectos, escultores y

---

1. Jean Téophile Désaguliers (1683-1744) fue también uno de los asistentes del físico y alquimista Isaac Newton, y contribuyó a la difusión de su obra.

albañiles que habían erigido las catedrales medievales de la cristiandad. Sin embargo, el imaginario masónico no hunde sus raíces en los Evangelios tanto como en el texto que para un cristiano recibe el nombre de Antiguo Testamento y que para los judíos es el Tanakh. Es decir, que lo que para un francmasón cristiano son referencias a las enseñanzas previas a la aparición de Jesús, para un iniciado judío son alusiones a su libro sagrado. Así, aunque la mayoría de los primeros masones ingleses que dieron forma a la orden fraternal profesaban el protestantismo, su atención se centraba en el relato simbólico del Antiguo Testamento y, por lo tanto, en un relato que ocupa una mayor centralidad en el judaísmo que en el cristianismo.

Por otra parte, la voluntad humanista e interreligiosa de la masonería y sus valores éticos no sólo entroncaban con los de los sefardíes ingleses que pugnaban por integrarse en la sociedad civil británica, sino que representaban un atractivo y deseable entorno de tolerancia para quienes demasiado a menudo eran marginados, cuando no perseguidos y asesinados. Así no es de extrañar que desde un primer instante hubiese judíos iniciados en la francmasonería que contribuyeron de forma muy activa al establecimiento de la orden, al debate filosófico en su seno y a la configuración de sus rituales, usos y costumbres. Incluso hay quien señala que el primer masón libre y aceptado inglés reconocido fue el judío Francisco Francia.[2]

---

2. Arévalo Gutiérrez, María José (2011): «La masonería en el mundo sefardí. Parte I» en *Enlace Judío*. Consultado el 29 de mayo

También sabemos que buena parte de la concepción arquitectónica del templo en el que se desempeñan ritualmente los iniciados es deudora de los diseños del rabino Jehudá León, que en el siglo XVII elaboró una maqueta a escala 1:300 que reproducía un diseño del Templo de Jerusalén tomando algunas ideas expresadas, entre otros, por Maimónides.[3] El trabajo de Jehudá León causó gran impresión a Laurence Dermott, primer Gran Secretario de la Gran Logia de los Antiguos, creada en 1751, que pudo observar los diseños del rabino en una exposición pública llevada a cabo entre 1759 y 1760.[4] A través de Dermott, el diseño de Jehudá León pasó a formar parte también de la heráldica de la Gran Logia Unida de Inglaterra en 1813.[5]

Sin embargo, es probable que los lazos que unen a la orden con el judaísmo sean anteriores al contacto entre francmasones liberales y sefardíes británicos en el siglo XVIII. Es una de las lecturas que puede inferirse de lo expuesto en *Influencias hebraicas en el simbolismo masónico*. Habiendo sido incapaces de dilucidar el linaje real de la orden y sus misterios, y confundidos por una miríada de teorías más, menos o nada plausibles, lo que parece cierto es que a lo

de 2019: www.enlacejudio.com/2011/06/15/la-masoneria-en-el-mundo-sefardi-parte-i/

3. OFFENBERG, Adri K.: (1988): «Jacob Jehuda Leon (1602-1675) and his Model of the Temple» en *Jewish-Christian Relations in the 17th Century*. Dordrecht: Studies and Documents, pp. 95-108.

4. OFFENBERG: (1988): p. 109.

5. ZELDIS, Leon (2007): «Leon Templo. Rabbi Jacob Judah Leon» en *Pietre-Stones. Review of Freemasonry*. Consultado el 29 de mayo de 2019: www.freemasons-freemasonry.com/zeldis22.html

largo de los tres últimos siglos se ha expresado a través de emblemas y relatos que forman parte de la tradición judía. En este trabajo que Ediciones Obelisco me permite presentar por primera vez a los lectores en lengua española, el maestro masón Bernard Shillman rastrea la genealogía de algunos de estos símbolos, ceremonias y lemas hasta la antigüedad judía.

Publicado originalmente en 1929 por una imprenta masónica de Londres, descubrí este cuaderno en los anaqueles de la majestuosa biblioteca de la Gran Logia Unida de Inglaterra. En el invierno de 2017 me encontraba en la capital británica por motivos académicos y, para distraer la mente después de varias jornadas encerrado en la British Library, dediqué uno de los días de mi estancia a volver a ver las pinturas proféticas de William Blake expuestas en la discreta y oscura sala de la Tate Britain que las alberga, y caminar desde la orilla del Támesis hasta la sede de la masonería regular, en Covent Garden, para curiosear en su biblioteca. Unos meses antes había publicado *La menorá y el compás,*[6] un breve ensayo en el que rastreaba la huella judía en la masonería y trazaba puentes entre el pensamiento rabínico y el masónico. Conocía, por lo tanto, las principales referencias bibliográficas en la materia,[7] sin embargo, la

---

6. ALIAGA, David (2017): *La menorá y el compás.* Oviedo: masónica.es.
7. Para quienes deseen profundizar en los vínculos entre la masonería y el judaísmo, recomiendo la lectura de: BERESNIAK, Daniel (1989): *Juifs et Francs-Maçons.* París: Bibliophane; KATZ, Jacob (1970): *Jews and Freemasons in Europe 1723-1939.* Cambridge: Harvard University Press, y OPPENHEIM, Samuel (1910): *The Jews and Masonry*

Gran Logia Unida de Inglaterra atesoraba en sus estanterías el opúsculo de Bernard Shillman, encuadernado con pastas de cartón azul, que en su título remitía de forma inequívoca a dicha cuestión.

Pedí al responsable de la biblioteca que me permitiese consultarlo y durante poco más de una hora me entregué a su lectura inclinado sobre uno de los viejos pupitres de madera que se encuentran entre las estanterías oscuras, repletas de volúmenes avejentados, actas y anuarios de numerosas logias británicas Encontré un trabajo aproximativo, con ciertas imprecisiones –algunas de ellas señaladas por el rabino Cohen en el epílogo a la edición original, que también reproducimos en ésta–, pero que evidencia un profundo conocimiento del ritual a través de algunas lecturas audaces de símbolos y ceremonias en las que no había reparado hasta que Shillman las hizo evidentes ante mis ojos. Su trabajo, por tanto, posee el doble valor de recopilar las conexiones más recurrentes entre el Tanakh y los ceremoniales masónicos –que pueden servir de introducción para quien no haya profundizado en esta lectura de la masonería– y el de enunciar algunas más insólitas y novedosas.

En las páginas de *Influencias hebraicas en el simbolismo masónico,* el lector hallará una posible explicación a por qué la masonería ha adoptado herramientas como la escuadra y el compás para transmitir sus enseñanzas asociadas a la moralidad, aprenderá sobre el origen de las cualidades

---

in the United States Before 1810. Nueva York: American Jewish Historical Society.

místéricas asociadas al número siete o el motivo de que el nombre de Dios sea considerado inefable por los masones Todo ello, afirma Shillman, encuentra explicación en las costumbres y los textos religiosos de los judíos.

DAVID ALIAGA
Maestro Masón
y Compañero del Santo Arco Real de Jerusalén
Barcelona, 1 de junio de 2019, E. V.

PREFACIO

Mi propósito en esta aportación será investigar las influencias hebraicas en ciertos símbolos de la francmasonería. Sin embargo, antes de proceder a mi exposición, hay dos aspectos que requieren una explicación previa. En primer lugar, tenemos el término «hebraico». Cuando emplee esta palabra, no me referiré únicamente a las influencias que emanan de las creencias y tradiciones de los israelitas,[8] sino que también estaré aludiendo a las influencias que se desprenden del V. L. S.,[9] la ley sagrada, que a pesar de ser el

---

8. A lo largo del libro, el autor emplea de forma habitual las voces inglesas *Hebrews* e *Israelites* para referirse a los judíos. Se ha respetado en la traducción.

9. Durante su iniciación, los masones prometen no difundir ni grabar en piedra los secretos iniciáticos y las contraseñas que les son reveladas durante las distintas ceremonias de la orden. En consecuencia, originalmente, la transmisión de las enseñanzas se producía de forma oral, de maestro a aprendiz. Sin embargo, en el momento en el que se considera oportuno fijar el ritual por escrito para evitar que se pervierta o incluso que se olvide, se opta por no escribir completos algunos términos para ocultar el secreto iniciático a ojos profanos y, al mismo tiempo, no romper con la palabra dada. Con todo,

bien más preciado de cuantos atesora el pueblo de Israel, es de aplicación universal. Los hebreos fueron la primera nación del universo en recibir del Gran Arquitecto la ley sagrada en el Sinaí, de la misma manera que otras naciones las recibieron, después, de ellos. De ahí la fórmula masónica: «El V. L. S., te lo entregamos como lo *recibimos*». Además, los israelitas no son el único pueblo que desarrolló la ley sagrada, pero sí que son aquél para el que la ley sagrada fue concebida.

Tal como dice el Corán: los israelitas son «El Pueblo del Libro». Por lo tanto, cuando en este trabajo me refiera a tradiciones de raíz hebrea, me estaré refiriendo, de hecho, a tradiciones de origen bíblico. El otro aspecto que requiere una explicación preliminar son las limitaciones de esta investigación. Obviamente, será imposible dilucidar, dentro de los límites de este trabajo, la influencia hebraica en todos los símbolos peculiares de la francmasonería.

como se verá a lo largo de la obra, el autor titubea en la adopción de este uso masónico y en algunas ocasiones emplea las iniciales y en otras el término completo.

INFLUENCIAS HEBRAICAS
EN EL SIMBOLISMO MASÓNICO

LA DEIDAD

Comenzaré reverencialmente ocupándome de la Deidad. El doctor William Wynn Westcott,[10] en un artículo titulado «The Religion of Freemasonry» (*A. Q. C.*, Vol. I, p. 73), expuso que el ritual masónico contenía diversas plegarias dirigidas claramente a la entidad definida como Un Dios y que la masonería posee, en consecuencia, una gran idea central, un Creador, Un Dios.[11] En dicho estudio, la tesis

---

10. William Wynn Westcott (1848-1925) fue un militar, francmasón y mago inglés, autor de numerosas monografías sobre masonería, teosofía y cábala. Es conocido, sobre todo, por haber fundado la Orden Hermética de la Aurora Dorada junto a Samuel Liddell Mac Gregor Mathers y William Robert Woodman en 1887. Fueron miembros de la orden escritores como Gustav Meyrink *(El gólem)*, Bram Stoker *(Drácula)*, William Butler Yeats *(La rosa secreta)*…, y destacados masones como Arthur Edward Waite.

11. Sobre las conexiones entre la masonería y el monoteísmo ético me ocupé en Aliaga, David (2017): *La menorá y el compás*. Oviedo: masónica.es., pp. 49-55. A propósito del concepto de la unidad de Dios en la mística judía, resulta muy estimulante la lectura de

del doctor Westcott es «que nuestro sistema alegórico de moralidad es descendiente lineal del verdadero monoteísmo». En esta afirmación es claramente discernible una influencia hebraica en la religiosidad de la francmasonería ya que la base fundamental del judaísmo como religión es un puro y sólido monoteísmo. «Escucha, oh, Israel, Adonai es nuestro Señor, Adonai es Uno» (Deuteronomio 6, 4).[12] Además, es posible rastrear esta influencia hebraica más profundamente.

YOD-HEI-VAV-HEI

Smith, David Chaim (2019): *El espejo cabalístico del Génesis*. Barcelona: Ediciones Obelisco.

12. Esta cita del Deuteronomio corresponde con la plegaria llamada *shemá,* una oración que los judíos recitamos dos veces al día, reafirmando nuestra creencia en un Dios único. Tradicionalmente, esta plegaria se pronuncia con los dedos pulgar, índice y corazón de la mano derecha colocados sobre el ceño.

En el ritual masónico, la Deidad –la primera de las Tres Grandes Luces, ante las que realizamos nuestros trabajos– es designada con las iniciales G. A. D. U. o G. G. D. U. Es más, en el certificado que se entrega a todos los maestros en el Arte Real, el Nombre Inefable[13] aparece, significativamente, escrito en caracteres hebreos e insertado en el interior del Triángulo Inefable.

¿Por qué la francmasonería evita el uso de la palabra Jehová para designar la Deidad en su ritual? La respuesta a esta pregunta es que, sencillamente, se observa un uso propio del judaísmo. El empleo del Nombre Inefable de Dios, Jehová –que deriva etimológicamente de la expresión hebrea para «Yo soy el que soy» (Éxodo 3, 14)– fue prohibido a los hombres alrededor del 300 a.C. Aquellos que dictaron la prohibición consideraron que era demasiado sagrado, demasiado terrible y demasiado grande para que fuese pronunciado por los humanos sin incurrir en una profanación del Nombre Sagrado. En consecuencia, sólo estaba permitido su uso durante los servicios en el Templo en un único día –el Día del Arrepentimiento, Yom Kippur–, cuando el sumo sacerdote solía pronunciar el Nombre Inefable por diez veces durante la manifestación de arrepentimiento en nombre del pueblo tal como se describe en el decimosexto capítulo de Levítico. Pero desde la destrucción de los dos Templos de Israel, la mención del Nombre Inefable ha que-

---

13. A este respecto, recomiendo la lectura de Mackey, Albert G. (2019): *Simbolismo de la masonería*. Barcelona: Ediciones Obelisco, pp. 165-182.

dado completamente prohibida a los israelitas. Hasta el día de hoy, el israelita, en sus rezos, substituye el tetragrámaton por la palabra «Adonai». Y es ese uso reverencial de los judíos el que dio origen al uso de sustitutivos (G. A. D. U. o G. G. D. U.) para el Nombre Inefable en los rituales de la francmasonería.

EL SIMBOLISMO DE LA ESCUADRA

El deber que los masones tenemos para con el Gran Arquitecto se bosqueja en el V. L. S., la primera de las Tres Grandes Luces. La segunda de ellas es la escuadra, que simboliza la moralidad. La moralidad es un principio cardinal del carácter que puede asentarse sobre multitud de estándares y que puede ser juzgado sobre la base de distintas pruebas. En el ritual masónico, la moralidad se define como los deberes que tenemos para con nuestro prójimo, con quien hemos de actuar honestamente, brindándole todo aquello que precise por justicia o por piedad, empatizando con sus desvelos, sofocando sus aflicciones y «haciendo por ellos lo que te gustaría que ellos hiciesen por ti».

Al adoptar esta «regla de oro» como norma básica de moralidad, la francmasonería, como el cristianismo, está siguiendo el criterio moral establecido por los israelitas en el libro del Levítico: «No aborrecerás a tu hermano en tu corazón [...] mas amarás a tu prójimo como a ti mismo» (Levítico 19, 17-18). Tanta ha sido la importancia de este deber con el prójimo entre los israelitas en todas las épocas que se convirtió en la sublime y suprema prueba en la práctica de la moral.[14] Nuestros sabios hebreos del pasado se recreaban en el hecho de que los principios fundamentales del judaísmo son que todos nosotros tenemos Un Padre en el cielo, que cada ser humano está hecho a imagen de ese Padre y que, por lo tanto, pecamos contra Dios si dañamos a cualquier hombre.

Por otra parte, tenemos noticia de que vivió en Jerusalén un famoso estudioso de la ley llamado Hilel.[15] Como el rabino Morris Rosenbaum[16] señaló en sus *Masonic Lectures*, este Hilel es mencionado por Anderson en sus constituciones[17] como uno de los vigilantes de Herodes durante

---

14. Esta idea resulta central a toda la filosofía judía basada en la ética *(musar)*, desde los textos rabínicos de la Edad Media y la Edad Moderna hasta obra de autores judíos laicos como Emanuel Lévinas, que renovó el enunciado en su obra *Ética e infinito*: «Desde el momento en que el otro me mira, yo soy responsable de él sin ni siquiera tener que tomar responsabilidades en relación con él; su responsabilidad me incumbe. Es una responsabilidad que va más allá de lo que yo hago».

15. Hilel el Anciano fue sabio judío del siglo i a. C., líder de la secta de los fariseos y el primer erudito que sistematizó la interpretación de la Torá. El judaísmo farisaico evolucionó para dar forma al judaísmo rabínico.

16. Morris Rosembaum (1871-1947) fue un eminente rabino inglés, especializado en la genealogía de los judíos británicos. Trabajó en diversas congregaciones de las islas británicas y junto al lexicógrafo Abraham Moritz Silbermann tradujo los comentarios a la Torá de Rashi al inglés. Fue iniciado en francmasonería.

17. En el original consigna la siguiente referencia: *Book of Constitutions*, segunda edición, p. 407. En lengua española, recomiendo Anderson, James y Désaguliers, Jean Téophile (2015): *Constituciones de Anderson*. Oviedo, masónica.es.

la reconstrucción del Templo en época de Zorobabel. El conocimiento que Hilel tenía de la ley sagrada era tan profundo que cualquiera de sus sentencias era respetuosamente seguida por sus contemporáneos, como las opiniones de Pulpian –*sententiae receptae*– en materia de ley romana. Incluso, a fecha de hoy, el judío rememora las sentencias de Hilel como el cristiano los Evangelios. En una ocasión, un pagano que deseaba convertirse al judaísmo le pidió a Hilel que le enseñase toda la ley sagrada en el tiempo que pudiese aguantar en equilibrio sobre una pierna. El pagano, evidentemente, deseaba conocer la quintaesencia de la religión judía de la forma más concisa posible. Hilel respondió a su petición diciéndole: «Lo que te resulte odioso para ti mismo, no se lo hagas a tu prójimo. Ésa es toda la ley, el resto es mero comentario». Esta famosa declaración del reputado sabio fue repetida, unos cincuenta años después, por el fundador del cristianismo,[18] que expresó el mismo dogma con un enunciado positivo: «Así que, todas las cosas que queráis que los hombres hagan con vosotros, así también haced vosotros con ellos; porque esto es la ley y los profetas» (Mateo 7, 12 y Lucas 6, 31).

Al tomar la escuadra por símbolo de esta ley moral primero enunciada por los israelitas y más tarde adoptada por la cristiandad, la francmasonería adoptaba un estándar hebraico. Al ponernos a todos a un mismo nivel, somos llamados a establecer un vínculo de unión, una agradable

---

18. En su *Vida de Jesús,* el filósofo francés Ernest Renan sostiene que Hilel habría sido maestro del Mesías del cristianismo.

unión basada en el ejercicio de este amor cívico que ata a la humanidad en una dorada cadena de fraternidad.

LAS TRES GRANDES LUCES

Me referiré ahora a la tercera de las Grandes Luces, a saber, el compás. El compás, al dibujar la forma geométrica perfecta del círculo, nos enseña a delimitar nuestras acciones, y su simbolismo, el trabajo que nos debemos a nosotros mismos, es tan evidente que no requiere mayor explicación. Pero sí me gustaría escribir algunas palabras sobre las Tres Grandes Luces de la francmasonería en su conjunto, como un todo. La francmasonería tiene, como sabemos, seis luces, que son divididas en dos grupos: las Tres Grandes Luces y las Tres Luces Menores. Las Tres Grandes Luces representan *deberes:* son las obligaciones que contraemos con el Gran Arquitecto, con nuestro prójimo y con nosotros mismos. Las Tres Luces Menores representan *derechos*: los derechos que debemos esperar que nos garantice el Gobierno del Sol, la Luna y del V. M.

La francmasonería es un sistema de ley y orden, o, dicho de otra forma, jurisprudencia. En todos los sistemas legales hay una división entre deberes y derechos: deberes que los sujetos contraen con quienes los gobiernan y derechos que los sujetos ven reconocidos por el poder. El sistema legal masónico es el mismo que el judío: los diez mandamientos. Cuando el decálogo fue dado a Moisés en el Sinaí, fue grabado en dos tablas de piedra. Los diez mandamientos fueron divididos en dos grupos diferenciados. El grupo que fue escrito en una de las tablas representa los deberes éticos que contrajimos con Dios y el grupo que fue grabado en la otra tabla representa los mandamientos éticos que atañen a nuestros vecinos y a nosotros mismos. [Para evitar cualquier tipo de confusión a este respecto, permítame explicar, entre paréntesis, que el último de los mandamientos de la *primera* tabla, que nos conmina a honrar a nuestro padre y nuestra madre, ha sido siempre interpretado por los rabinos como un deber que contraemos con Dios, el arquetipo de paternidad.

Por otra parte, los mandamientos de la *segunda* tabla, como «no matarás», «no cometerás adulterio», «no robarás», etc., son mandatos éticos que nos debemos a nosotros mismos así como a nuestros vecinos. ¡Probablemente éste sea el motivo por el que la escuadra y el compás aparecen juntos en las ilustraciones e insignias masónicas!]. Por lo tanto, la combinación de ambos grupos de mandamientos representan la totalidad de nuestras obligaciones con el Gran Arquitecto, con nuestros vecinos y con nosotros mismos. Así, cada candidato, al ser iniciado en francmasonería, cuando es situado en la posición apropiada para prestar juramento en el altar, esto es, en posición de *Dieu Garde,* une en las manos las Tres Grandes Luces, lo que simboliza la aceptación del decálogo. En otras palabras, recibe en el altar lo que Moisés recibió en el Sinaí, el decálogo; y las Tres Grandes Luces, al ser unidas, simbolizan dicho decálogo, que forma la base de cualquier sistema de moralidad y de cualquier sistema de gobierno.

LOS NOMBRES PROPIOS

No es el propósito de este ensayo detenerse en las influencias hebraicas a las que remite la elección de los nombres propios empleados en el ritual masónico.[19] Los nombres de las dos columnas del Templo del Rey Salomón, las palabras del Segundo Grado y del Tercero, la palabra secreta del Grado Sublime o el nombre de nuestro Maestro Constructor ya han sido examinados solventemente desde una perspectiva hebraica por el rabino Morris Rosenbaum en su opúsculo *Masonic Words and Proper Names,* por lo que cualquier aportación que yo pudiese realizar al respecto sería simplemente redundante. Será suficiente para el propósito del presente ensayo consignar una cita del r. C. J. Ball, M. A., en un artículo titulado «The Proper Names of Masonic Tradition» (*A. Q. C.,* vol. V, p. 136), que sostiene que el hecho de que todos los nombres propios procedan del Antiguo Testamento favorecería la hipótesis de que la masonería, tal como la conocemos, se originó entre los judíos o fue transmitida a través de ellos a las naciones de la Europa moderna.

---

19. Los relatos legendarios y parábolas de la masonería proceden, como Shillman indica en diversas ocasiones a lo largo de este ensayo, de lo que un cristiano llamaría Antiguo Testamento y para un judío es el Tanakh. Por lo tanto, nombres propios como los de los reyes Salomón y David, Josué, Hageo, Hiram, Jonathan… son empleados en diferentes ceremonias y lecturas masónicas. Además de las referencias que sugiere Shillman para la cuestión de los nombres propios, para el lector que no domine el inglés, me permito sugerir la lectura de: Moreno, Alberto (2014): «El Santo Arco Real de Jerusalén», *Cultura masónica,* núm. 17.

LA HERMANDAD

La francmasonería es una hermandad. Es, como los Antiguos Deberes afirman, no sólo una antigua hermandad, también una hermandad universal. Además, los Antiguos Deberes añaden: «Todos los masones son hermanos en el mismo nivel. Debes saludar a los demás de manera educada […] llamándolos hermanos». Inevitablemente, surge una pregunta: ¿por qué debemos llamar a los demás hermanos? ¿Porque toda la humanidad fue hecha a imagen de Dios, porque somos sostenidos día tras día por el mismo Poder Prodigioso, y porque recorremos el mismo camino hacia las puertas de la muerte somos todos hermanos? «¿No tenemos todos un mismo padre? ¿No nos ha criado un mismo Dios?» (Malaquías 2, 10). Así, no resulta extraño que la francmasonería nos cargue con el deber de referirnos al prójimo como hermano. Pero si somos todos artesanos, constructores de un templo sagrado, ¿no habría sido más apropiado que se nos encomendase referirnos unos a otros como «constructores» en lugar de «hermanos»?

Ésa, de hecho, fue la forma en que los hombres se llamaban unos a otros y a la comunidad durante la Edad Media, especialmente durante el período en el que existieron los gremios. En aquellos tiempos, un hombre era conocido e interpelado por los demás de acuerdo a la profesión o al gremio al que pertenecía. Por ejemplo, señor pastor, señor tejedor, o señor sastre. Incluso en nuestros días, en algunas profesiones liberales o vocacionales se conservan vestigios de esta costumbre medieval: señor cirujano, señor reverendo, señor profesor, señor mecánico. Con todo, la verdadera razón por la que los miembros de un taller se refieren unos a otros como hermano en lugar de constructor o artesano posee raíces hebraicas. Esta formalidad procede de una antigua costumbre israelita común entre los judíos de la antigüedad más temprana. Por ejemplo, Abraham, patriarca de los hebreos, interpelaba a su *sobrino* Lot como «hermano» («Entonces Abraham dijo a Lot: No haya ahora altercado entre nosotros, entre mis pastores y los tuyos, porque somos hermanos», Génesis 13, 8); también Labán llama hermano a su *sobrino* Jacob («Entonces dijo Labán a Jacob: ¿Por ser tú mi hermano, me has de servir de balde?», Génesis 29, 15).[20]

En un período posterior, cuando los israelitas habían sido ya divididos en tribus, ya que cada tribu formaba, en cierto sentido, una familia, el término «hermano» se empleó para designar al miembro de una tribu («todos sus hermanos levitas…», Deuteronomio 18, 7). En tiempos de Moisés, en Egipto, todos los miembros de la nación de Israel eran hermanos («Y en aquellos días sucedió que, crecido ya Moisés, salió con sus hermanos, y vio sus cargas», Éxodo 2, 11). En un período aún posterior, encontramos a David refiriéndose a su *amigo* Jonathan como su hermano[21] («Angustia tengo por ti, hermano mío Jonathan»,

---

20. Esta cita del Génesis recuerda a una enseñanza masónica que dice que el obrero honesto no muestra escrúpulo en reclamar su salario a su hermano capataz, tras haber realizado un buen trabajo.

21. El amor fraternal entre David y Jonathan es central en el relato masónico que transmite las enseñanzas del cuerpo colateral conocido

II Samuel, 1, 26). Se pueden ofrecer muchos más ejemplos que evidenciarían la existencia de una hermandad en Israel, pero baste con los que se acaban de exponer.

Existen dos buenas razones para este cultivo de la fraternidad entre los israelitas. En primer lugar, es en esta consciencia de la existencia de una hermandad de Israel en lo que se apoya la seguridad moral y la fuerza espiritual de la nación. En segundo lugar, de acuerdo con las leyes del Levítico, los israelitas creían que el amor fraternal podía ser únicamente logrado cuando *todos los hombres* –sin importar su credo, pues ni las diferencias raciales, ni de credo ni de color pueden borrar la fraternidad– se llamen hermanos. Y es esta influencia hebraica en el simbolismo masónico la que hace que la francmasonería considere el amor fraternal como «la piedra fundacional, el cemento y la gloria de su antigua hermandad». Así es como debería ser. El V. L. S. contiene numerosos ejemplos prácticos del beneficio mutuo que resulta de la práctica del amor fraternal, y del mal que inevitablemente mana de odiar al prójimo. Como evidencia de ello, el primer crimen de las Sagradas Escrituras es un fratricidio. Curiosamente, los rabinos del Talmud sostienen que esta disputa sangrienta se originó porque Caín y Abel tenían diferentes opiniones

_____

como Orden del Monitor Secreto (o Fraternidad de David y Jonathan). A. E. Waite explica en su *Nueva enciclopedia de la francmasonería* que la relación entre estos dos personajes del Tanakh sirve para explicar al iniciado que debe «tomar ciertas medidas cuando un hermano está a punto de hacer cualquier cosa que pueda resultarle perjudicial».

sobre el lugar en el que tenía que erigirse el Templo. «¿Acaso soy guardián de mi hermano?», dice el asesino cuando el Gran Arquitecto lo interroga sobre el paradero de su malogrado hermano. Qué diferente de la aseveración de José, quien, al preguntarle un hombre que lo encuentra vagabundeando «¿Qué buscas?», responde en seguida «Busco a mis hermanos» (Génesis 37, 15-16). Al observar esta escena podemos ver por qué la francmasonería, al haber adoptado el principio hebraico de que sus miembros se traten unos a otros de hermano, hace de la práctica del amor fraternal –una práctica establecida por la más antigua hermandad del mundo, los israelitas– el cemento y gloria de su antigua hermandad.

LAS HERRAMIENTAS DE TRABAJO

En relación con las herramientas empleadas en una logia, existe un asunto singular que no puede ser obviado. Debemos notar que mientras que la mayor parte de ellas están hechas de madera, ninguna es de hierro. Este mineral no forma parte de ninguna de nuestras herramientas.

La razón tiene que ver con el ordenamiento judío. Con ocasión de la recepción de la ley sagrada en el monte Sinaí, el Gran Arquitecto mandó a Moisés levantar un altar. «Y si me hicieres altar de piedras, no las labres de cantería; porque si alzases tu pico sobre él, lo profanarías» (Éxodo 20, 25). Este mandamiento se repite en Deuteronomio 27, 5-6: «Y edificarás allí altar a Adonai tu Dios, altar de piedras: no alzarás sobre ellas hierro. De piedras enteras edificarás el altar de Adonai tu Dios». Dicho altar sería posteriormente erigido por Josué en el monte Ebal: «Como está escrito en el libro de la ley de Moisés, un altar de piedras enteras sobre las cuales nadie alzó hierro» (Josué 8, 31).

Observemos también la construcción del Templo del rey Salomón. La idea de erigir el Templo procedía de su padre, el rey David. Pero el Gran Arquitecto le dijo a David, en voz de su profeta: «Tú has derramado mucha sangre, y has traído grandes guerras: no edificarás un templo en mi nombre, porque has derramado mucha sangre en la tierra delante de mí» (I Crónicas 22, 8). Sería Salomón, un hombre de paz, el encargado de ejecutar los planos que su padre había concebido, tal como se dice en I Reyes 6, 7: «Y la casa cuando se edificó, la levantaron con piedras que traían ya acabadas; de tal manera que cuando la edificaban, ni martillos ni hachas se oyeron en la casa, ni ningún otro instrumento de hierro».

La explicación que el Talmud ofrece a la prohibición de usar herramientas de hierro en la construcción del altar es que el hierro es el metal usado en la guerra, mientras que el altar es un símbolo de paz (Mishná, Mishdot 3, 4). La guerra y el derramamiento de sangre eran incompatibles, incluso en aquellos días, con la construcción de un santuario dedicado a la plegaria pacífica. Un gran rabino (Simeón ben Eleazar)[22] ya señaló que, como el altar había sido crea-

---

22. Simeón ben Eleazar fue un rabino del período de los *tanaim* (siglos I y II). Según Maimónides, habría sido contemporáneo del

do para lograr que los hombres perdurasen en el tiempo y el acero para acortar sus vidas, no se permitía blandir aquello que acortaba las vidas de los hombres sobre lo que las alargaba. Otro reputado sabio (rabí Yohanán ben Zakai)[23] señaló que las palabras empleadas por Moisés (Deuteronomio 28, 6) para ordenar la construcción de un altar hecho únicamente de piedra fueron «*Avonim shlamoth*», es decir, piedras que favorecen *shalom*, la paz. En consecuencia, el rabino deduce que si las piedras del altar, que no pueden ver, oír ni hablar, pueden favorecer la paz entre Israel y el Todopoderoso, cuánto más podría hacer él, que promueve la paz entre los hombres, entre los esposos, entre las ciudades, entre los pueblos, entre los imperios, entre las familias, para mantenerlos a salvo del castigo que se cierne sobre ellos.

Por supuesto, debe añadirse que el mandamiento Divino de no emplear herramientas de hierro en la construcción del edificio sagrado no impide la posibilidad de que puedan ser empleadas en la talla previa de las impurezas de las piedras que se utilizarán posteriormente en el templo. De hecho, el material que se requirió para la construcción

---

célebre rabí Akiva. Una de sus enseñanzas más recordadas es que aquel que cumpliese los preceptos religiosos desde el amor es mejor que aquel que lo hace por temor a Dios.

23. Yohanán ben Zakai fue un eminente rabino del siglo I, conocido también por el acrónimo RYBaZ. Fue discípulo de Hilel el Anciano y, según la tradición, descendiente del rey David. Parte de su legado más relevante fue la fundación de la academia talmúdica de Yavné, un importante centro de conocimiento y memoria que contribuyó a evitar que el judaísmo se perdiese tras la destrucción del segundo Templo por parte de los romanos.

del Templo fue preparado en el lejano Líbano. Allí se talaron los árboles, se pulió la madera y se desbastaron las piedras (I Reyes 13-18).

Existen además numerosas leyendas, tanto rabínicas como procedentes de otras fuentes, que explican que para preparar las piedras, el rey Salomón empleo *shamir,* un saxifragum o una sustancia capaz de romper la piedra, que habría sido usada para cortar las piedras en la pechera del sumo sacerdote. En la filología hebrea, la piedra natural o bruta se distingue de la piedra tallada usando distintas palabras. La palabra hebrea para una piedra que ha sido cortada o tallada es *gosith.* Esta palabra se emplea, por ejemplo, en I Reyes 17, cuando se describen las piedras de cantería que se llevaron para colocar los cimientos del Templo. En cambio, la palabra hebrea *eben* designa la piedra convencional. La raíz del término es *boneh,* que significa «un constructor». Ambas, *eben* y *boneh* (en plural) aparecen en el conocido versículo de Salmos 118, 21: «La piedra que desecharon los constructores, ha venido a ser cabeza del ángulo».[24]

EL ESTE

¿Por qué el lugar del V. M. está en el E? La respuesta masónica es que, como el sol sale por el E para abrir e iluminar

---

24. Sobre las imprecisiones en este párrafo leeremos más adelante al rabino Cohen en el epílogo.

el glorioso día, el Maestro preside el E para abrir y gobernar la logia. Por lo tanto, una logia masónica se orienta «tanto al este como al oeste», y sus gobernantes deben contemplar la salida y la puesta del sol con sentimientos de devoción y gratitud hacia él, que creó esa luminaria como una bendición para sus criaturas.

Mackey cita a Bazot (*Manuel*, p. 154) como el autor que encontró una asociación más profunda entre la veneración de la francmasonería por el E y la religión primitiva, cuya primera degeneración fue el culto al sol. Respetuosamente, debo expresar mi desacuerdo con tal asociación. Cualquiera que sea la razón que se esgrima para conectar la salida del sol por el E y que el V. M. presida la logia desde el E, en mi opinión, la única y auténtica razón emana de la tradición hebrea.

Los judíos siempre rezan en dirección al E, una tradición que siguen observando hoy en día los israelitas que viven al este de Palestina y que posee una gran antigüedad. Se debe a que Palestina está geográficamente situada en el E y los israelitas siempre se vuelven hacia Jerusalén durante sus oraciones, tal como los mahometanos se colocan orientados hacia la Meca siempre que rezan. Existen razones bíblicas para esta costumbre israelita. Daniel, como se lee en el sexto versículo del décimo capítulo de su libro, «Entraba en su casa y abría las ventanas de su habitación, que estaban hacia Jerusalén, y se postraba de rodillas tres veces al día, y oraba, y confesaba delante de su Dios». También se señala en I Reyes 8, 44 que «si tu pueblo tuviese que salir en batalla contra sus enemigos por el camino que tú les señales, y oraren a Adonai hacia la ciudad [Jerusalén] que tú elegiste, y hacia la casa que yo edifiqué en tu nombre».

Con todo, hay más razones para esta tradición israelita. El paraíso fue erigido por el Gran Arquitecto en el E y en el O. El Templo del rey Salomón se construyó también orientado hacia el E. Y, finalmente, en Ezequiel 43, 2 se nos dice que la gloria del Dios de Israel llegaría desde el E [*sir* Charles Warren, en su artículo «The Orientation of the Temples», en *A. Q. C.*, vol. I., p. 48, encuentra en este pasaje de Ezequiel «la clave de todo el asunto» de la orientación hacia el E]. Además, incluso los primeros cristianos rezaban con sus rostros encarados hacia el E, porque el Gran Arquitecto ascendió al Reino de los Cielos por el E, y porque el paraíso estaba ubicado en el E (véase el *Dictionary of the Bible* de Smith).

Una explicación interesante al hecho de que el pueblo de Dios ore encarado hacia el E aparece consignada por Lee en su *Solomon's Temple* (p. 242) cuando dice que se hacía así en contraposición a las costumbres de los paganos que construían sus pórticos en dirección al O, que estos estúpidos adoradores, acercándose a sus deidades ciegas, sordas y mudas, debían tener sus ídolos colocados en el E, y cita como prueba la visión de Ezequiel (8, 16) de unos idólatras adorando el E. Pero éste, de hecho, es el motivo por el que Salomón, cuando erigió su Templo, ubicó el sanctasanctórum en el *oeste:* era para hacerlo al contrario de los idólatras que adoraban el sol en dirección al E.

La palabra en hebreo para E es *mizrah,* un término que deriva de *zorach,* y significa «alzarse» o «presentarse», y también «brillar». Y ésta, etimológica, es la única conexión que puedo rastrear entre el E y el sol. Si, por lo tanto, el Venerable Maestro tiene su lugar en el E, no es, como dice Bazot, porque la degeneración de la religión primitiva consistiese en adorar al sol, ni como Lee dice, en contraposición a las costumbres de los paganos, sino como una costumbre hebraica mantenida todavía en forma de orientarse hacia Jerusalén, en el E, durante el rezo.

LEALTAD

En los Antiguos Deberes,[25] se exhorta al masón a comportarse de forma pacífica y cumplir con sus deberes. No debe implicarse en complots ni conspiraciones que atenten contra la paz y el bienestar de la nación, al contrario, se le insta a mantenerse entusiastamente bajo el gobierno de la nación en la que vive.[26]

Habiendo afirmado que la lealtad y la fidelidad al gobierno civil es un rasgo de todos los pueblos pacíficos, espero no ser considerado parcial si me aventuro a afirmar que dicha sentencia es, muy en particular, una característica inherente al *modus vivendi* de los hebreos.

---

25. Los Antiguos Deberes son una serie de artículos contenidos en el manuscrito *Regius* que establecen ciertos deberes con los que debe cumplir todo Maestro. Atañen a cuestiones como la religión, el funcionamiento de las logias, la conducta de los masones dentro y fuera del taller…

26. Contra lo que la antimasonería ha afirmado sistemáticamente durante los últimos tres siglos, la orden, en sus reglamentos, exige a sus miembros que sean leales al Estado en el que se encuentran.

Los hebreos son una raza nómada. Fueron uno de los primeros pueblos en dispersarse, en convertirse en una comunidad en lugar de una nación, en convertirse en ciudadanos de ningún Estado en particular, sino habitantes de la diáspora. Y a través de ese errar –y la gran preponderancia de Israel, incluso en el exilio–, los principios aludidos en los Antiguos Deberes masónicos han sido en todo momento seguidos y sostenidos. En la mayoría de los otros pueblos que celebran el hecho nacional, la lealtad es una obligación estatutaria; para los israelitas, es una obligación religiosa, ya que el judaísmo declara de manera definitiva que es el deber del judío ser leal. «Aquel que se rebela contra el rey, se está rebelando también contra el mismísimo Dios», comenta un reputado rabino al enunciado del Talmud que reza que «la ley del país [en el que se encuentre el judío] es ley vinculante».

Otro famoso rabino (Ananías el sacerdote),[27] comentó este mismo precepto talmúdico diciendo: «Reza por la prosperidad del gobierno, pues si el temor al gobierno no les refrenara, unos hombres devorarían a otros» (Pirkei Avot 3, 2). La ley talmúdica, de hecho, se asienta sobre las palabras de Jeremías (29, 7): «Y procurad la paz de la ciudad a la cual os hice transportar, y rogad por ella a Adonai, porque en su paz tendréis la vuestra».

---

27. En el pasaje es referido como Ananías, diputado del sumo sacerdote, en tiempos del Segundo Templo. En la Toseftá se le atribuyen dos *mitzvot* relacionadas con los rituales de purificación.

LA EXCLUSIÓN DE LAS MUJERES

Es un rasgo de la francmasonería que la orden está exclusivamente limitada a personas de sexo masculino. De hecho, se toman grandes precauciones para asegurarse de que un candidato no sea una mujer.[28]

Oliver (*Antiquities of Freemasonry*, pp. 101-102) explica que la razón para la exclusión de las mujeres de las logias es para prevenir «los impactantes abusos y la indiscriminada práctica del libertinaje y el vicio» que siguieron a la admisión de las mujeres en las celebraciones nocturnas de los antiguos pueblos idólatras. Mackey, sin embargo, considera que la principal razón para la exclusión de la mujer se encuentra en el hecho de que nuestra organización es una sociedad mística. Añade que no se permite a la mujer participar en nuestros ritos y ceremonias no porque la consideremos indigna, desleal o incapaz de guardar un secreto, como se ha supuesto estúpidamente, sino porque al ser admitidos en una logia encontramos ciertas normas que dictan que sólo un hombre capaz de llevar a cabo el trabajo o cumplir con los deberes de los masones operativos puede ser admitido.

---

28. Naturalmente, esto ya no siempre es así. A pesar de que la llamada masonería regular, esto es, la sancionada por la Gran Logia Unida de Inglaterra, no admite a mujeres, existen numerosas obediencias masónicas que cuentan con iniciadas, e incluso existen logias exclusivamente femeninas. Los anacrónicos argumentos que esgrimirá Shillman en este apartado son de uso común todavía entre los hermanos que justifican el rechazo de la masonería regular a iniciar mujeres.

En esto podemos apreciar una influencia singularmente hebraica en la francmasonería. Desde el principio de los tiempos, los hebreos han trazado una clara distinción entre los sexos.[29] El lugar asignado a la mujer en la vida judía fue siempre el corazón; ahí o sólo ahí se le permitía reinar completamente. Los antiguos hebreos nunca permitieron a sus mujeres entregarse a trabajo manual alguno, ya que, por el castigo impuesto a Adán, era tarea exclusiva del hombre. La tarea de trabajar era del hombre («Tomó, pues, Adonai Elohim al hombre, y le puso en el jardín de Edén, para que lo labrara y lo guardase», Génesis 2, 15). Esto explica por qué no se menciona a la esposa entre aquellos que deben abstenerse de trabajar durante el *shabat* («Mas el séptimo día será reposo para Adonai tu Dios: no hagas en él obra alguna, ni tú, ni tu hijo, ni tu hija, ni tu siervo, ni tu criada, ni tu bestia, ni tu extranjero que está dentro de tus puertas», Éxodo, 2, 10).

¡De ninguna forma puede inferirse de esta disposición bíblica que la ley mosaica tenga en consideración a los sirvientes y al ganado, pero no a las esposas! La deducción que realmente debe hacerse es que entre los hebreos, la mujer era apartada del exhausto trabajo de la tierra, dejando a su cuidado el hogar y la familia.

Asimismo, en la descripción bíblica de la construcción del Templo del rey Salomón, no se menciona a mujer algu-

---

29. Igual que sucede con la masonería, la discriminación de la mujer en la liturgia judía es cada vez menor. Las ideas y prácticas terriblemente anacrónicas que recopila Shillman están sintiendo, por fortuna, abandonadas por cada vez más congregaciones y practicantes.

na que tomase parte activa en las obras. La tradición indica que las mujeres llevaron los ornamentos para decorar el Templo, pero no participaron en el trabajo de construcción del edificio sagrado. De forma similar, en relación con la construcción del Tabernáculo leemos: «Además todas las mujeres sabias de corazón hilaban de sus manos, y traían lo que habían hilado: cárdeno, o púrpura, o carmesí, o lino fino» (Éxodo, 35, 25), y también que aquellas mujeres que se habían congregado alrededor de la puerta del Tabernáculo, mientras estaba siendo amueblado, llevaron a Moisés sus espejos de bronce libremente, como ofrenda. Pero en ningún versículo del Pentateuco se muestra a las mujeres tomando parte en la construcción del santo edificio.

Incluso en nuestros días, las mujeres no tienen permitido sentarse con los hombres en las sinagogas ortodoxas, sino que se habilita una zona separada especialmente para ellas. Tampoco las mujeres son tenidas en cuenta para formar el quórum de diez personas *(minyan)* que la ley judía establece como número mínimo para el rezo colectivo. Además, en el Templo de Salomón, las mujeres eran acomodadas en la parte posterior, o atrio exterior, y no se les permitía entrar en el santuario interior. Para terminar, Flavio Josefo *(Antigüedades de los judíos,* libro XV, capítulo XI, sección V) señala que, en el Templo reconstruido por Herodes, las mujeres fueron excluidas de los santuarios interiores.[30] Esta

---

30. En el texto de Flavio Josefo citado por Shillman, el autor explica que existían dos santuarios interiores, a uno de los cuales tampoco se permitía el acceso a todos los hombres, ya que estaba reservado a los sacerdotes.

costumbre hebraica es la razón por la que la exclusión de la mujer de la francmasonería es un deber.

EL NÚMERO SIETE

Se considera que una logia masónica es perfecta cuando hay, al menos, siete hermanos presentes. Huelga decir que la palabra «perfecta» se emplea aquí en el sentido de «suficiente». Así, de acuerdo a este requerimiento, la presencia de siete masones se considera suficiente para habilitar una logia y proceder con sus trabajos.

Existen numerosas posibles razones para la elección del número siete como número de la perfección masónica. Puede ser porque fueron siete los peldaños que ascendían al Templo según la visión de Ezequiel (40, 26); o porque al rey Salomón le llevó siete años construir el Templo (I Reyes 6, 38) y celebró la dedicación del Templo durante el séptimo mes (I Reyes 8, 2) durante «siete días y siete noches» (I Reyes 8, 65); o porque, en el sistema pitagórico,[31] el siete era considerado un número religioso, además de perfecto; o porque —y, en mi opinión, ésta es la razón que suele aducirse en la francmasonería— eran siete las artes y las ciencias liberales: gramática, retórica, lógica, aritmética, geometría, música y astronomía.

---

31. A quienes les interese la cuestión numérica en relación con la masonería, les recomiendo la lectura de Reghini, Aldo (2019): *El número sagrado en la tradición pitagórica masónica*. Barcelona: Ediciones Obelisco.

El doctor Eckenstein, en un artículo titulado «Freemasonry and Symbolism» publicado en *The Masonic News* del 2 de febrero de 1929, afirmaba que «el número siete está lleno de simbolismo. Hay siete planetas, siete son las virtudes cardinales y los pecados capitales. Los musulmanes y los hindúes tienen siete cielos y siete infiernos. Luciano se sumergió siete veces en el mar Egeo para purificarse después de su iniciación. El iniciado en francmasonería pasa por las manos de siete oficiales antes de recibir la luz». Sin embargo, huelga decir que media una influencia hebraica en la elección del número siete como el número perfecto en la francmasonería.

En el misticismo judío, existe una creencia peculiar e interesante de que el número siete es el número sagrado por excelencia. Sin duda, esta idea tiene su origen en el día de la semana en el que los judíos se apartan para observar su *shabat*. El establecimiento del santo *shabat* en el séptimo día le concede a este número una santidad que, consecuentemente, se expresa de distintas formas: mientras que el hecho de que el *shabat*, en el judaísmo, complete la semana muestra la idea de completitud o perfección que en el misticismo judío se asocia al número siete. De nuevo, en Israel el siete no marcaba sólo el día del *shabat*, también el séptimo año era el año sabático, y siete años sabáticos daban paso al Jubileo. En hebreo, la palabra para indicar el siete es *sheva*. Existe también en hebreo la palabra *sova*, que significa «estar satisfecho, completo o suficiente». Estas dos palabras –posteriormente, en su forma sustantiva– aparecen juntas en el relato del Génesis (41, 29): «He aquí, vienen siete años *[sheva shanim]* de gran abundancia *[sova godoul]* en toda la tierra de Egipto».

Debemos observar también que, en francmasonería, la conexión entre el número siete y la noción de completitud o suficiencia posee, hasta cierto punto, una analogía similar a la que se da en la conexión hebraica. Permítame llevar esta influencia hebraica en la francmasonería un poco más allá. Se nos dice en francmasonería que la obligación tomada en el grado contiene el número perfecto de siete cláusulas. La expresión hebrea para decir «tomar una obligación» o «jurar» es *shova*. Literalmente, esta palabra significa «garantizar suficientemente un juramento». El hecho de que este término hebreo provenga de la misma raíz que la palabra hebrea para «siete» muestra que debe haber alguna conexión, ya en los orígenes del hebreo, entre tomar una obligación o prestar juramento y el número siete. De hecho, podemos encontrar una evidencia de esta conexión en la ley sagrada (Génesis, 21 28-31) que registra que cuando Abraham y Abimelec juraron el uno al otro en Beer-Sheba, se llevaron siete corderos para sellar el pacto. De forma similar, los germánicos, en la Edad Media, siguiendo la costumbre hebrea, hicieron obligatorio tener siete testigos cada vez que se rubricaba un contrato, y la confirmación de un contrato era llamada *besiebenen* («hacer siete»).

Por lo tanto, debe deducirse que el establecimiento del número de cláusulas de la obligación masónica en siete se realiza de acuerdo a la idea hebraica de que el siete es necesario para hacer «perfecto» o «suficiente» un juramento, una idea que también debió de influir a los formuladores del ritual masónico al establecer en siete el número de francmasones que deben estar presentes en una logia para hacerla «perfecta» o suficiente para abrir sus trabajos. (Los filólogos hebreos no podrán acusarme de confundir las tres palabras, *sheva, sova* y *shova*. Estas tres palabras presentan el mismo aspecto cuando se escriben en caracteres hebreos, y en tiempos premasoréticos, antes de que se puntuasen las vocales en el hebreo, las tres grafías debían de confundirse. En su libro *Biblical and Semitical Symbolism* (pp. 119-139), Maurice H. Farbridge, M. A. –un libro con el que estoy en deuda por la información etimológica que he incluido en este párrafo– señala que estas tres palabras fueron confundidas tanto en la Septuaginta como en la Vulgata.

LA RAMA DE ACACIA

En la leyenda que narra el descubrimiento del cuerpo de Hiram Abif, que resultará familiar a todos los maestros masones, se nos dice que quienes hallan el cadáver plantaron una rama de acacia en la tumba de Hiram Abif, para que ni un sacerdote ni un levita pudiesen verse accidentalmente impurificados. Ésta es una costumbre distintivamente hebrea en lo esencial.

Observemos primero la rama de acacia. Se trata de un árbol espinoso muy abundante, con muchas ramas duras y perdurables. La madera de este árbol era considerada, entre las razas primitivas, símbolo de la eternidad o de la recrudescencia o transmisión de fuerza vital. Pero tenía una relevancia especial entre los israelitas, que la conocían como madera *shittim*. *Shittim* era la madera designada por el Gran Arquitecto para que los judíos, durante el éxodo, construyesen el arca, sus altares, sus mesas y sus peldaños. De ahí que este tipo de madera adquiriese connotaciones sagradas entre los hebreos; tanto es así que los rabinos hebreos de la antigüedad no permitían el uso de la madera de acacia para usos comunes.

Aunque no puedo citar una autoridad concreta que lo respalde, no cabe duda de que la madera *shittim*, tanto por su significado sagrado como por su durabilidad, era empleada entre los israelitas de la antigüedad para marcar un lugar en el que reposaban restos mortales. La tradición actual que se da entre los irlandeses, de marcar con una cruz el lugar junto a la carretera en el que tuvo lugar una fatalidad, es un vestigio directo de esta costumbre antigua israelita de colocar una rama de acacia sobre la tumba de un difunto. Además, en el texto masónico se nos da la razón de que ni un sacerdote ni un levita pueden ser ceremonialmente impuros. Esto también encuentra su origen y concuerda con la ley levítica. En los primeros cuatro versículos del capítulo 21 del Levítico, leemos: «Y YHVH dijo a Moisés: "Habla a los sacerdotes hijos de Aarón, y diles que no se contaminen por un muerto en sus pueblos. Mas por su pariente cercano a sí, por su madre, o por su padre, o por su hijo, o por su hermano, o por su hermana virgen, a él cercana, la cual no haya tenido marido, por ella se contaminará. No se contaminará, porque es príncipe en sus pueblos, haciéndose inmundo"». Esta ley del Levítico se sigue observando en

Israel a día de hoy. Entre los israelitas, de acuerdo a dicha ley, los miembros de la tribu de los sacerdotes no cruzan los umbrales de los cementerios ni se acercan demasiado a las tumbas, excepto en los casos de parentesco anteriormente mencionados.

Para terminar, las palabras «ni un sacerdote ni un levita», en la fórmula masónica, están en estricta concordancia con las antiguas prácticas judías. En tiempos bíblicos, los términos «levita» y «sacerdote» eran empleados como sinónimos, y todos los miembros de la tribu de Leví estaban facultados para el sacerdocio.

EL SALUDO MASÓNICO

Hay algo que es característico de la tradición hebraica en el saludo que realiza un hermano que llega a la logia después de que los trabajos se hayan abierto formalmente. El V. M. le pregunta: «¿Qué traéis, hermano?». La respuesta habitual a esta pregunta suele expresarse en los siguientes términos: «Paz, amor y armonía para todos los buenos y auténticos masones, y especialmente para vosotros, Venerable Maestro, Vigilantes y hermanos de esta logia». Existe una palabra en hebreo que combina las nociones de «paz, amor y armonía» del modo en que se conciben en la francmasonería. Esta palabra es *Shalom,* cuyo su significado primario remite a la acepción de paz, pero que también es empleada para referirse a la amistad e incluso al amor y la armonía. En la respuesta ofrecida por el hermano que llega tarde a la logia, en las circunstancias consignadas más arriba, existen notables reminiscencias del saludo que solían ofrecerse entre hermanos judíos que se encontraban: *Shalom aleijem!*, «¡Que la paz sea contigo!». Incluso el fundador del cristianismo empleó este saludo —«¡Que la paz sea contigo!»— cuando, después de su resurrección, se apareció ante sus discípulos (Lucas, 24, 26 y Juan 22, 19). El hecho es que toda la fórmula del saludo masónico, tal como se ha enunciado, remite a una historia recogida en el Talmud (sección Derej Eretz Rabá) referente a las maneras de cierto filósofo judío en Roma que en una ocasión recibió al patriarca y a otros tres rabinos. Aquel filósofo estaba preocupado por cómo debía saludar a sus distinguidos visitantes y temía herir sus sensibilidades al darles la bienvenida. El Talmud nos cuenta que tras pensarlo mucho, concluyó que la siguiente fórmula sería la más apropiada: «¡Que la paz sea con vosotros, hombres sabios de Israel, y sobre todo con vos, patriarca!». Me pregunto si los autores de nuestro ritual masónico tenían este relato talmúdico en mente cuando redactaron el saludo masónico referido.

LOS COLORES EN LA FRANCMASONERÍA

El hermano W. J. Chetwode Crawley, Ll. D. escribió, en *Ars Quatuor Coronatorum*, vol. XXIII, un artículo titulado «Masonic blue». En su texto, el doctor Crawley acepta «como un intento de hipótesis de trabajo [...], pero sujeta, como cualquier otra hipótesis, a enmienda, confirmación o rechazo de acuerdo a las pruebas que de tanto en tanto me llegan a las manos» una teoría propuesta por el hermano Fred J. W. Crowe en el artículo «Colours in Freemasonry», publicado en la revista *Ars Quatuor Coronatorum*, vol. XVII. Dicha teoría sostiene que el color de las regalías de los Grandes Oficiales fue tomado de las bandas de la Nobilísima Orden de la Jarretera[32] y que dicho color era conocido como azul jarretera.

En su artículo, el doctor Chetwode Crawley describe como una mera «conjetura» la idea de que «el observador profano ordinario vea la elección del azul como color distintivo de la francmasonería como la progresión natural de la leyenda del Templo del rey Salomón». Y considera como mera probabilidad «inspirada por la imaginación» la conexión entre el azul francmasónico y el mandamiento divino consignado en Números 15, 37-38: «YHVH habló a Moisés y le dijo: "Habla a los hijos de Israel y diles que se hagan unos flecos en los bordes de sus vestidos, por sus

---

32. La Nobilísima Orden de la Jarretera es la orden de caballería más antigua del Reino Unido. Fue fundada en 1348 por el rey Eduardo III. Se alude también a ella en el ritual de iniciación masónica para dar lustre y relevancia a la masonería.

generaciones; y pongan en cada fleco de los bordes un hilo de azul"».

Estoy completamente de acuerdo con el doctor Chetwode Crawley en su apreciación de que no existe conexión alguna entre los flecos mencionados en el mandamiento divino y la elección masónica del azul. Pero como el doctor Chetwode Crawley cita numerosos extractos de las antiguas minutas de la Gran Logia que indican que los oficiales vestían sus joyas «colgando de una banda blanca» y con «mandiles de cuero blancos ribeteados con seda azul», me aventuro a señalar un origen hebraico de esta combinación de azul y blanco característica de nuestra regalía y de nuestros mandiles.

En los primeros tiempos de la existencia de Israel como nación, cada una de las doce tribus tenía su propio estandarte, con un color distintivo para cada una de ellas («Los hijos de Israel acamparán alrededor del Tabernáculo de reunión, cada uno junto a su bandera, bajo las enseñas de las casas de sus padres», Números 2, 2). Posteriormente, sin embargo, cuando surgió entre los judíos la creencia de la llegada del Mesías y la promesa de una futura era mesiánica de paz, la combinación de los dos llamativos colores apareció en los emblemas y estandartes israelitas. Estos colores eran el azul y el blanco: azul para simbolizar la esperanza y el blanco, la paz; ambos colores juntos hacían referencia directa el ideal mesiánico de *esperanza* en la llegada de la *paz* sobre la tierra.

Esta combinación de colores fue también adoptada en tiempos de Esther, en cuyo libro (8, 15) leemos que Mordecai, tras imponerse a Amán: «Llegó Mordecai delante del rey (Asuero) con un regio vestido azul y blanco». También leemos, en el libro de los Macabeos, que cuando Antíoco Epífanes, rey de Siria, y sus soldados profanaron el Templo, los judíos respondieron a tal sacrilegio declarándoles la guerra; y la tradición dice que Judá Macabeo, líder del Ejército israelita, guio a sus seguidores a la batalla con una bandera azul y blanca. Este emblema blanquiazul ha sido una enseña popular entre los israelitas a través de los siglos: incluso en nuestros días, los colores del emblema de la Organización Sionista son el azul y el blanco.[33] Si a la adopción de dichos colores por parte de la francmasonería se les puede atribuir un origen hebraico, entonces el motivo puede hallarse en lo que se acaba de exponer.

PERDER EL ZAPATO

Durante la preparación para la ceremonia de iniciación, el candidato es descalzado. La razón de esto se describe en el libro de Ruth (4, 7): «En aquel entonces era costumbre en Israel, referente a la restitución y a la compraventa, que para la confirmación de todas las cosas, uno se quitara el calzado y lo diera a su compañero». He de confesar que la primera vez que escuché esta explicación me sentí insatisfecho; y aunque la he escuchado en multitud de ocasiones desde entonces, la explicación no me ha hecho más sabio.

---

33. Y, finalmente, serían los de la bandera del Estado de Israel.

En mi opinión, este texto de la ley sagrada, siempre citado sin mayores explicaciones, no revela suficientemente la conexión entre esta antigua costumbre israelita y el ceremonial masónico. Examinemos el texto del libro de Ruth y veamos qué asociación podemos deducir. De las palabras del texto, el testimonio es «referente a la restitución y a la compraventa». La ley de redención y restitución de la propiedad es descrita en el código de ley civil judía bajo el título *Gebijath Milveh* (Hoshen Mishpat, sección 103), mientras que la ley sobre la compraventa o el trueque se describe en el mismo código legal bajo el título *Halipin* (Hoshen Mishpat, sección 203). Como quiera que la masonería no restituye ni hace trueque con el candidato, no necesitamos buscar en ninguno de los dos títulos asociación alguna entre la antigua costumbre israelita descrita en Ruth y el hecho de descalzar al candidato en la iniciación. Pero aún resta por ser considerada la tercera afirmación legal del texto: «para la confirmación de todas las cosas». Claramente, el testimonio era evidencia entre los antiguos israelitas como confirmación de *todas las cosas*. El trato se cerraba y se confirmaba cuando una de las partes se quitaba el calzado y se lo daba a la otra. Como quiera que la francmasonería es, entre otras cosas, un trato o un contrato, como en todo contrato hay dos partes: un ofertante y un aceptante. El candidato es el ofertante, ya que ofrece su persona para trabajar en el Templo; por su parte, la francmasonería, una inagotable compañía formada por todos los masones libres y aceptados, es el aceptante. Con objeto de marcar el momento en el que dicho contrato es rubricado sin revocación se descalza al candidato. Ésta es, en mi opinión, la conexión que existe entre la costumbre israelita y la pérdida del zapato en la masonería. Y dicha conexión sería más completa si el ritual masónico pidiese al candidato que se quitase el calzado y se lo diese a su conductor, de la misma manera que en las ceremonias nupciales, en ocasiones, se lanza un zapato o se ofrece un anillo para concluir la ceremonia y confirmar el contrato. Algunas otras ocasiones en las que el simbolismo es empleado para marcar el punto en el que un contrato es confirmado sin revocación son cuando en una subasta el subastador golpea con su mallete, o en un mercado irlandés, cuando el vendedor y el comprador se dan un firme apretón de manos cuando la venta ha concluido.

Huelga hacer notar, sin embargo, que en la ceremonia masónica, el candidato es descalzado únicamente de un zapato, es decir, que calza otro que podría ser rápidamente quitado. Pero no es descalzado por completo. En vista de esto, no puedo dar ningún valor a la explicación alternativa que a veces se ofrece, y que afirma que perder el zapato es una señal de reverencia. Si tal cosa se hiciese en señal de reverencia, entonces el candidato debería quitarse ambos zapatos y dejarlos a la entrada. No estoy seguro de que los antiguos israelitas se quitasen invariablemente su calzado antes de acceder a suelo sagrado en señal de reverencia y humildad. Es cierto que hay dos episodios en las Sagradas Escrituras en los que Moisés (Éxodo 3, 15) y Josué (5, 15) lo hacen. Pero no puede inferirse de estos dos casos aislados que fuese una práctica establecida o habitual entre los hebreos. Lo que los hebreos hacían para mostrar reverencia no era descalzar sus pies, sino cubrir sus cabezas. El cubrirse la cabeza para acceder a un edificio sagrado o para unirse al rezo como señal de reverencia sigue siendo observado por los judíos en nuestro tiempo, ya que es considerado una falta de respeto presentarse ante el Gran Arquitecto o mencionar su nombre con la cabeza descubierta. Por lo tanto, en nuestros días, cuando un candidato a la iniciación judío es conducido hasta el altar para pronunciar su obligación, su cabeza es cubierta en señal de reverencia. Y, por esta misma razón, en el antiguo ritual masónico, siempre que un Venerable Maestro está a punto de abrir la logia, se pone su sombrero (*Ritual and Illustrations of Freemasonry*, p. 35, publicado anónimamente en Londres). Esta costumbre del antiguo ritual nos remite a una cuestión secreta: «¿Dónde deja el Maestro colgado su sombrero?». Esta pregunta solía formularse a los hermanos visitantes para poner a prueba sus conocimientos sobre masonería. Y la respuesta que se esperaba de un hermano bien instruido era: «En su perchero natural», es decir, en la cabeza.

LA SOGA

Otra característica de la preparación del candidato a la iniciación es la soga que se le coloca alrededor del cuello en señal de sumisión. Era una costumbre extendida entre los antiguos pueblos semitas que los prisioneros, los criados y otros siervos llevasen una soga en señal de sumisión a sus señores. Que los antiguos israelitas tenían esta costumbre se evidencia en el siguiente episodio, correspondiente a I Reyes 20, 31-33, que narra lo ocurrido entre los siervos de Ben-hadad, rey de Siria, y Ahab, rey de Israel:

> 31. Entonces sus siervos le dijeron: «He aquí que hemos oído de los reyes de la casa de Israel, que son reyes clementes: "Cubramos, pues, ahora nuestros lomos con sacos, y pongamos *sogas en nuestras cabezas*, y salgamos al rey de Israel: por ventura, te salvará la vida"».
> 32. Cubrieron, pues, sus lomos con sacos, y *sogas en sus cabezas*, y fueron al rey de Israel, y le dijeron: «Tu siervo Ben-hadad dice: "Te ruego que viva mi alma". Y él respondió: "Si él vive aún, mi hermano es"».
> 33. Esto tomaron aquellos hombres por buen agüero, y presto tomaron esta palabra de su boca, y dijeron: «¡Tu hermano Ben-hadad!». Y él dijo: «Id, y traedle». Ben-hadad entonces se presentó a Ahab, y él le hizo subir en su carro.

El hermano G. W. Speth ve en este episodio –especialmente en la expresión «él es mi hermano» y en la descripción de cómo los hombres atienden diligentemente a todo lo que viene del rey y lo ponen al corriente en seguida– una forma secreta de unión entre Ahab, Ben-hadad y los mensajeros. Pero esto, considero, resulta bastante inverosímil. Por supuesto, debería añadirse que quitarle la soga al iniciado antes de permitirle entrar en su solemne o…n está en concordancia con esta antigua tradición. En la ley talmúdica, (tratado Nasir, sección 22) una obligación solemne tomada por un siervo no tiene validez, en primer lugar, porque no tiene estatus personal, ya que es propiedad de su señor, y en segundo lugar, porque la obligación solemne podría interferir en sus deberes para con su propietario. El mismo principio se aplica en la ley romana: *In personam serville nulla cadit obligatio (Digesta Justiniana* 50:17:22).[34]

LOS TRES PASOS SIMBÓLICOS DE SALVACIÓN

Mientras que algunos ven en el simbolismo de los Tres Pasos una referencia a la juventud, la adultez y la vejez, y otros leen en ellos una referencia a los tres estados a través de los que el iniciado debe pasar para convertirse en un miembro cualificado del taller, la opinión que genera mayor consenso es la de que se trata de una referencia directa a las tres virtudes teológicas: fe, esperanza y caridad. De ser así –y no debe inferirse que yo sostenga una opinión contraria– hallaríamos también una fuente hebraica en el origen de este símbolo masónico. De acuerdo con el credo judío, la doctrina de la salvación del pecado es dependiente de la práctica de tres virtudes: penitencia, rezo y caridad. En el rezo hebreo para el Año Nuevo y el Día del Arrepentimiento, la doctrina se sustenta en la idea de que la penitencia, el rezo y la caridad pueden evitar una sentencia negativa. Estas tres

---

34. Esta ley romana afirmaba que el esclavo no sólo no tenía derechos, sino que tampoco podía contraer obligaciones en el ámbito de la ley civil.

virtudes teológicas son, en mi opinión, el origen hebraico del simbolismo de los Tres Pasos en francmasonería. Es interesante tener en cuenta que la doctrina de la salvación de la Iglesia Católica Romana también está basada en la práctica de tres virtudes teológicas –penitencia, contrición y confesión– que conducen a la absolución. En consecuencia, y en mi opinión, el verdadero simbolismo que subyace en los Tres Pasos en francmasonería es que representan la doctrina de la salvación que, para los hebreos, consiste en penitencia, rezo y caridad; para los católicos, arrepentimiento, contrición y confesión; y para los protestantes, fe, esperanza y caridad.

CARIDAD Y BENEVOLENCIA

«Pero la mejor de ellas es la caridad»,[35] por lo que no debe extrañar que sea una de las leyes fundamentales de la francmasonería que sus miembros deban ser hombres benevolentes y caritativos. De acuerdo a los Antiguos Deberes, un masón debe ser un hombre que practique la benevolencia y la caridad, que no se quede sentado mientras que sus semejantes, y sobre todo sus hermanos, intentan ayudar, siempre que esté en su mano y sin que les cause perjuicio a ellos o a sus familias. De acuerdo a los Modernos Debe-

---

35. Durante el transcurso de la iniciación, una vez que al candidato le ha sido concedida la luz, tiene lugar una importante escena destinada a grabar en la memoria del candidato las virtudes de la práctica de la caridad.

res, un masón debe prestar especial cuidado a mantener en pleno vigor las auténticas características masónicas de la benevolencia y el amor fraternal. Debemos entender que la benevolencia y la caridad son *obligatorias* en la francmasonería. A este respecto, podemos distinguir una clara influencia hebraica en la francmasonería. Ya ha sido señalado por el doctor Kaufman Kohler que mientras que en el Nuevo Testamento la caridad es considerada como un tributo libre del amor, en el Antiguo Testamento (y, por lo tanto, en el judaísmo) es un *deber* entre los hombres con medios proveer a los necesitados. «Por eso yo te ordeno: abre tu mano a tu hermano, a tu pobre, y al menesteroso en tu tierra» (Deuteronomio 15, 11). Entre los hebreos y, como cabía esperar, entre los francmasones, la idea de la caridad no se reduce a dar dinero. Más que la caridad, es la beneficencia o el ofrecimiento de amabilidad *(gemiluth hesed)*. La amabilidad incluye tanto el dinero como palabras reconfortantes. «El que da una moneda al pobre –dicen los rabinos– será bendecido con seis bendiciones, pero el que le brinde palabra de consuelo será bendecido con once bendiciones».[36] La palabra hebrea para referirse a la caridad es *tzedaká*. Esta palabra posee connotaciones que van más allá de la caridad: significa también justicia. Por eso es obligatoria y no voluntaria entre los hebreos, y así también lo es en la francmasonería.

---

36. Aparece en el Talmud (Baba batra, 9a).

CRONOLOGÍA MASÓNICA

Otro rasgo de la francmasonería en el que una influencia hebraica es discernible es en la manera en la que se mide el tiempo. La francmasonería no se ubica en la era cristiana, no cuenta sus años *anno domini.* Como el calendario judío, empieza a contar sus años en el momento de la Creación. «Desde el comienzo del mundo –dice Preston (*Illustrations*, libro 1, sección 3)– podemos trazar la fundación de la francmasonería». De acuerdo a lo generalmente aceptado, la era cristiana comienza cuatro mil años (en números redondos) después de la Creación, por lo que el año masónico puede calcularse sumando esta cifra a la del año de la era cristiana. De esta forma, al añadir 4000 al año civil obtenemos lo que se conoce como «el Año Vulgar de la Masonería» (Anderson, Constituciones, vol. II, p. 2), lo que no nos remite al año hebreo o, como es llamado, «Año de la Luz». El auténtico año hebreo se calcula sumando 3760 al año civil.

CONCLUSIÓN

Ahora concluiré este humilde esfuerzo. A pesar de que de ninguna forma he logrado señalar toda la influencia hebraica presente en todos los símbolos de la francmasonería, espero haber ofrecido suficientes ejemplos para inferir que la francmasonería, como sistema simbólico, se apoya por completo en unos fundamentos que son esencialmente hebraicos.

Me detendré solamente en una pequeña parábola, que servirá a modo de conclusión. Recordaremos que cuando Israel se encontraba en el desierto, permanecieron durante cierto tiempo en las llanuras de los moabitas (Números 22, 1). Y cuando Balak, el rey de los moabitas, se dio cuenta de que una poderosa nación había acampado en su territorio, inmediatamente hizo llamar a Balaam el Adivino para que los maldijese. Más tarde, después de una serie de aventuras «asininas», llegó a Moab y fue observada por Balak desde lo alto de una colina, desde donde sólo podía tener una visión superficial del campamento de los israelitas. Pero el necio que había sido enviado para mofarse,

Balaam, no pudo abstenerse de decir: «¡Qué hermosas son tus tiendas, oh, Jacob, y tus tabernáculos, oh Israel!» (Números 24, 5).[37]

La francmasonería, como institución, no es otra cosa que la elaboración de estas tiendas de Jacob y de los tabernáculos de Israel. Ha habido en todas las épocas y hay todavía en nuestros días maleducados o cínicos que se burlan de la mera existencia de nuestra orden. Sin embargo, estos sabelotodo, estos Balaams de a pie, nunca se han tomado la molestia de preguntar qué enseña la francmasonería y cuál es su propósito. Si se detuviesen a contemplar, aunque fuese superficialmente, nuestros principios, serían, estoy seguro, incapaces de evitar decir: «¡Qué hermosas son tus *tenidas*, oh, maestro, y tus logias, oh, masón!».

---

37. Esta oración *(Ma tovu)* llama a los judíos al rezo los sábados por la mañana.

APÉNDICE

JUDÍOS Y FRANCMASONERÍA. UN INTERESANTE DOCUMENTO

Acabo de leer la excelente traducción de los *Masonic Dialogues* de Lessing que ha llevado a cabo el hermano y rabino doctor A. Cohen de Birmingham (The Baskerville Press, 161, New Bond Street, Londres, W1) y he reparado en que Lessing –p. 63 de la traducción del doctor Cohen– señala que es una ley fundamental de los francmasones «aceptar en su orden a cualquier hombre respetable de buena predisposición sin reparar en su nacionalidad, religión o estado civil». Para apoyar esta «norma fundamental», el sabio traductor de los *Dialogues* cita el primero de los Antiguos Deberes que reza: «En tiempos antiguos, a los masones cristianos se les instaba a cumplir con las costumbres cristianas de cualquier país al que viajasen o en el que trabajasen. Pero habiendo francmasones en todas las naciones, e incluso de distintas religiones, ahora únicamente son instados a adherirse a la religión que cada hombre considere (dejándolo a criterio de cada hermano), es decir, a ser hombres buenos y honestos, hombres de honor y honestidad, sean cuales sean los nombres, las religiones o las ideologías por los que puedan ser distinguidos. Mientras estén de acuerdo en los tres grandes preceptos de Noé, será suficiente para mantener la unión en la logia. Esta francmasonería es el centro de su Unión y el feliz medio de conciliar a personas que de otra forma habrían permanecido a distancia para siempre».

* * *

Un ejemplo que ilustra esta «norma fundamental», como la llama Lessing, y este Antiguo Deber, es una carta escrita en el año 1806 que ha sido recientemente encontrada en los archivos de la Irish Constitution. La carta está firmada por el Diputado Gran Maestro de Irlanda y se dirige al secretario de una logia militar (número 179) de Hythe, Kent. Fue el H. Philip Crossle, secretario asistente de la Logia de Investigación de la Irish Constitution y coautor (con el H. J. H. Lepper) de la *History of the Grand Lodge of Free and Accepted Masons of Ireland*, quien llamó mi atención sobre dicha carta. El H. Crossle, muy amablemente, me ha remitido una copia de la carta que yo ahora reproduzco.

* * *

H. Q. Twigg
Sec. L. 179 en el 12.º Reg. Dragoneros
Hythe, Kent

Señor y hermano,

En respuesta a su consulta a la Inst. 12.º, debo informarle que hay muy pocos judíos en Irlanda, no más de tres o cuatro familias en Dublín, y sé que no hay ni una sola en cualquier otra parte de Irlanda. Por supuesto, no hay masones judíos residiendo en Irlanda y no hay precedente en la práctica de iniciar masón a un judío, pero al mismo tiempo no hay ninguna ley contra la iniciación de un judío en el código legislativo de la Gran Logia de Irlanda, e incluso usted encontrará publicado en el *Ahiman Rezon*[38] en una edición sancionada por la Gran Logia de Irlanda (Downes, Dublín), una plegaria utilizada por las logias de judíos masones; la adopción, que procede del *Ahiman Rezon* inglés, muestra que los judíos que deseasen abrir logias en Irlanda, si los hubiese, deberían ser sancionados por la Gran Logia. Si un judío o un turco llamasen a la puerta de una logia azul, e incluso roja, en Irlanda y demostrase regularmente ser un hermano de dichos grados, podría pedir y debería ser admitido, atendido y bienvenido, a no ser que existiese alguna razón que surgiese de la religión particular que profesase, ya que debéis observar, hermano, que la francmasonería se cimienta sobre los principios de unidad

---

38. Es el título que Laurence Dermott eligió para el *Libro de las Constituciones* editado por él mismo en 1756.

y vínculo entre los hombres a través del amor universal y la caridad, el temor a Dios y la buena voluntad hacia los hombres; por lo que cualquier persona que admita la existencia de Dios y sea de buenas costumbres es apropiado para ser recibido y formado como francmasón –sin embargo, la recepción de un judío en una logia cristiana depende únicamente de los estatutos y de las normas de la propia logia; ya que siendo cada logia una sociedad en sí misma, tiene el derecho a escoger sus propios miembros y puede acordar en privado no admitir a personas de una confesión religiosa concreta por miedo a que perturben la armonía de la logia; pero sería profundamente equivocado y antimasónico ofrecer públicamente lo religioso como motivo para no admitir a una persona como masón– tal como señala nuestro hermano del S. G. C. de Inglaterra: «Las leyes y obligaciones señalan que no hay distinción en francmasonería por país, secta o religión». Con respecto a la religión de los judíos, hermano, le ruego que me permita hacerle observar que ellos profesan la religión que les fue dada por Dios a través de Moisés y los profetas, que fue profesada por David, quien es señalado por la escrituras como «El hombre en el corazón de Dios», y por el rey Salomón, uno de los Grandes Maestros; es decir, que esta religión continúa como una peculiar dispensa del Todopoderoso por casi dos mil años desde la Creación del mundo hasta la llegada de Cristo, nuestro bendito redentor, que fue enviado al mundo para salvar a la humanidad, para abolir la antigua ley o religión profesada por los judíos y para establecer la nueva ley, que es conocida como cristiandad, o creencia en Cristo como hijo de Dios y redentor de la humanidad, de quien los judíos reniegan, aunque no pueda decirse de ellos que no tengan religión, y aunque los cristianos debamos compadecerlos por su falta de fe en lo que resulta esencial para nuestra salvación, incluso aunque sean hombres moralmente buenos, estamos unidos por el mandamiento de Dios y los hombres particularmente por los preceptos de Cristo de cumplir con ellos hasta donde razonablemente se espere de nosotros que los cumplamos. Los tres grados de la masonería azul y los tres grados de la masonería roja (que es, evidentemente, un añadido a la azul) se encuentran en el Antiguo Testamento, o en la ley de los judíos y, por lo tanto, los judíos turcos y otras sectas que también creen en Dios pero no creen en Cristo como hijo de Dios son admisibles en todos estos grados, ya que no hay nada en ellos en lo que no puedan creer, ni nada en las obligaciones que no puedan aceptar libremente. Pero la masonería negra está fundada en la nueva ley, y en el Nuevo Testamento, por lo que ni los judíos, ni los turcos ni nadie que reniegue de Cristo puede ser admitido o participar de ellos como usted mismo ha hecho constar.

Quizá me haya extendido en mis observaciones sobre este particular más de lo que era necesario, pero sólo quería apoyarlo a usted, quien he visto que es un hermano bueno y celoso, cuyas acciones y razonamientos se fundamentan en los principios generales de la orden. Siendo así, su propio juicio y razón deben decidir apropiadamente sobre la conducta que debe adoptar de acuerdo a los principios y las leyes de nuestra antigua orden. Su logia, siendo una logia regimental, no es responsable de las cuotas mientras se halle fuera de Irlanda. Reitero mis sinceros deseos de prosperidad para la logia número 179.

A. J.

Diputado Gran Maestro de Irlanda

EPÍLOGO

INFLUENCIAS HEBRAICAS EN EL SIMBOLISMO MASÓNICO

por el rabino Dr. A. COHEN, M. A.

El ensayo de Bernard Shillman *Influencias hebraicas en el simbolismo masónico* es bienvenido porque arroja luz sobre zonas de sombra del ritual masónico, pero sobre todo porque se fundamenta en la teoría de que la explicación a los emblemas y las ceremonias debe buscarse en la literatura y la tradición hebreas.

La publicación de sus investigaciones es sumamente oportuna, ya que la investigación masónica reciente se está conduciendo por líneas que, al menos en mi opinión, son equivocadas y dañinas. Recientemente, el doctor Churchward se ha dedicado a la egiptología, y en su libro *Signs and Symbols of Primordial Man,* intenta ubicar el simbolismo del Arco Real en la historia de Egipto.

Su ejemplo ha sido seguido por estudiantes de francmasonería, que han superado sus enseñanzas. No contentos con los misterios de Egipto, han vagado por los confines más remotos del mundo en busca de los orígenes de nuestros símbolos.

Un determinado detractor de la orden, el rev. C. Penney Hunt, ha producido un panfleto titulado *The Menace of Freemasonry to the Christian Faith,* en el que arremete amargamente contra la orden. Alude a un importante trabajo del que quizá sea el mayor escritor sobre francmasonería en este país y en nuestra época, no sin justicia, y declara que su propósito es «mostrar que cada pedacito del ritual masónico deriva de la liturgia religiosa de la India moderna, el antiguo México y las religiones mistéricas de la Roma pagana y Egipto». En consecuencia, alega que los masones juguetean con los cultos paganos y su sistema está socavando los fundamentos de la religión.

Por grotesca que parezca su querella a cualquier miembro de la orden, no puede decirse que los escritores masónicos no hayan abonado el terreno. Por esto afirmo que la tendencia de la investigación masónica de nuestros días es dañina. Y es también equívoca porque distrae la atención de la fuente genuina de la que la francmasonería ha tomado su forma, así como su inspiración, esto es, la ley sagrada.

Incluso asumiendo que puedan encontrarse semejanzas entre los emblemas masónicos y los símbolos de las razas primitivas, ¿qué evidencia hay de que los compiladores del ritual conociesen esto? Tomemos la imagen familiar de los triángulos entrelazados llamada «escudo de David». Muy probablemente no sea de origen hebraico, y su uso se da también entre otros pueblos antiguos. Pero a efectos prácticos, debemos considerarlo un símbolo hebreo, ya que el mundo moderno lo ha conocido a partir de los judíos.

Resulta problemático discernir si los hombres de los siglos XVII o XVIII que se encargaron del ritual estaban instruidos en el simbolismo de Egipto, la India o México; pero no puede discutirse que conocían el relato bíblico. La prueba de esto se aprecia en cada masón. El volumen de la ley sagrada ocupa el lugar más visible de la logia. La atención del iniciado es dirigida sobre su importancia como guía de fe y de vida. En las ceremonias, las referencias explícitas a sus páginas son innumerables. Entones, *a priori,* ¿no es lo más razonable que, en primer lugar, busquemos en este libro la explicación al simbolismo? Si se concede esta proposición, entonces se inferirá que la tradición hebrea, tan íntimamente vinculada con las Escrituras, es otra probable fuente de iluminación.

Quien esto escribe ha enfrentado su hipótesis a los complejos problemas creados por los símbolos de H. R. A. y cree que, sin ir más allá de las páginas del volumen de la ley sagrada, ha tenido éxito al encontrar una interpretación coherente y sublime para ellos. Además, da la bienvenida al trabajo independiente del señor Bernard Shillman, que ha adoptado la misma tesis en su investigación.

Con todo, se realizará un intento para demostrar que si el método se aplicase de forma incluso más profunda de lo que se ha hecho en esta ocasión, se podrían cosechar resultados más provechosos.

Permítasenos experimentar con dos emblemas fundamentales: la escuadra y el compás. Su interpretación simbólica puede ser localizada en la Biblia. Sin duda, la escuadra consiste originalmente en la regla de medida y la plomada, colocadas de eje a eje. Teniendo esto en mente, el lector puede ir a Isaías 28, 17, donde el profeta describe la construcción de la Sion ideal, que nunca fue sacudida. ¿Con qué instrumentos sería construido el edificio? La respuesta que se nos da es: «Y ajustaré el juicio con una línea [una regla], y con la plomada, la justicia». Sostengo que aquí encontramos el origen del uso simbólico de la R. de 24 p., a partir de la cual somos exhortados a medir las acciones de nuestra vida diaria, así como a escuadrar nuestra conducta a partir de los principios de moralidad.

Los usos operativos y especulativos del compás son aludidos en las Sagradas Escrituras. En Isaías 44, 13: «modélala [la imagen] con el compás» (en hebreo, *mechugah*); también en Proverbios 8, 27: «Cuando señalaba con el compás [en la versión autorizada en hebreo, *chug*] sobre la faz del abismo». En este último pasaje, con el «compás» se señalan «límites, márgenes», y es precisamente éste su significado emblemático. En una determinada ocasión, al masón se le dice que «el compás te recuerda que debes limitar tus deseos en cada etapa de la vida».

Debe corregirse una afirmación realizada por el señor Bernard Shillman: que *eben* («piedra») y *boneh* («constructor») proceden de la misma raíz. Ambas palabras son etimológicamente independientes.

Debo disentir también de su explicación de los Tres Pasos. Cada uno puede leer un fragmento de los ceremoniales como desee, y está legitimado para hacerlo, ya que es perfectamente consciente de que la interpretación es puramente subjetiva. Sin embargo, debemos tener cuidado en mantener siempre separadas las explicaciones subjetivas y las objetivas para evitar la confusión. Parece evidente que los Tres Pasos han sido copiados de una práctica judía similar. Una de las partes más antiguas de la liturgia de la sinagoga, que procede al menos de tiempos de los macabeos (siglo II antes de la era común), es la *amidá,* o las «dieciocho bendiciones». Debe recitarse en pie y en un estado mental profundamente reverencial, y, en conexión con su recitación, se da la instrucción de dar tres pasos hacia delante cuando se inicia, y tres pasos hacia atrás cuando se concluye, empezando en ambos casos con el pie *izquierdo.* Que esta instrucción es antigua se hace evidente a través de una alusión talmúdica *(Joma* 53b). La explicación que se da es que los pasos representan una aproximación a la Presencia Divina y una retirada desde ella. El número tres suele asociarse al número de peldaños que conducían al altar del Templo; aunque muy probablemente denota, como suele suceder en los ceremoniales, la idea de completitud.

El origen que el señor Bernard Shillman concede a la pérdida del zapato me parece estar lejos de ser concluyente. En primer lugar, las palabras en Ruth 4, 7 que se han traducido como «la confirmación de todas las cosas», significa realmente «la confirmación de todas las transacciones». No es una adición a «restitución o compraventa», sino que cualifica dichos términos. En segundo lugar, no hay un zapato perdido en ningún momento de ninguna ceremonia de la que yo tenga constancia. El término que se emplea es «en zapatilla», por lo que entenderíamos que se trata de ir calzado con una zapatilla o con un zapato por debajo del talón, como si fuesen una zapatilla. Interpreto esta parte de la ceremonia únicamente como una señal de pobreza.

ÍNDICE

Prólogo 7

Prefacio 13

Influencias hebraicas en el simbolismo masónico 15

Conclusión 57

Apéndice 59

Epílogo 65